škola - skola	2
cesta - resa	5
transport - transport	8
město - stad	10
krajina - landskap	14
restaurace - restaurang	17
supermarket - stormarknad	20
nápoje - drycker	22
jídlo - mat	23
usedlost - bondgård	27
dům - hus	31
obývací pokoj - vardagsrum	33
kuchyně - kök	35
koupelna - badrum	38
dětský pokoj - barnrum	42
oblečení - kläder	44
kancelář - kontor	49
hospodářství - ekonomi	51
povolání - yrken	53
nářadí - verktyg	56
hudební nástroje - musikinstrument	57
zoo - zoo	59
sport - sport	62
aktivity - aktiviteter	63
rodina - familj	67
tělo - kropp	68
nemocnice - sjukhus	72
urgentní případ - nödsituation	76
země - Jorden	77
hodiny - klocka	79
týden - vecka	80
rok - år	81
tvary - former	83
barvy - färger	84
protiklady - motsatser	85
čísla - siffror	88
jazyky - språk	90
Kdo / co / jak - vem / vad / hur	91
kde - var	92

Impressum
Verlag: BABADADA GmbH, Nedderfeld 112 , 22529 Hamburg
Geschäftsführer / Verlagsleitung: Harald Hof
Druck: Books on Demand GmbH, In de Tarpen 42, 22848 Norderstedt

Imprint
Publisher: BABADADA GmbH, Nedderfeld 112 , 22529 Hamburg, Germany
Managing Director / Publishing direction: Harald Hof
Print: Books on Demand GmbH, In de Tarpen 42, 22848 Norderstedt, Germany

škola
skola

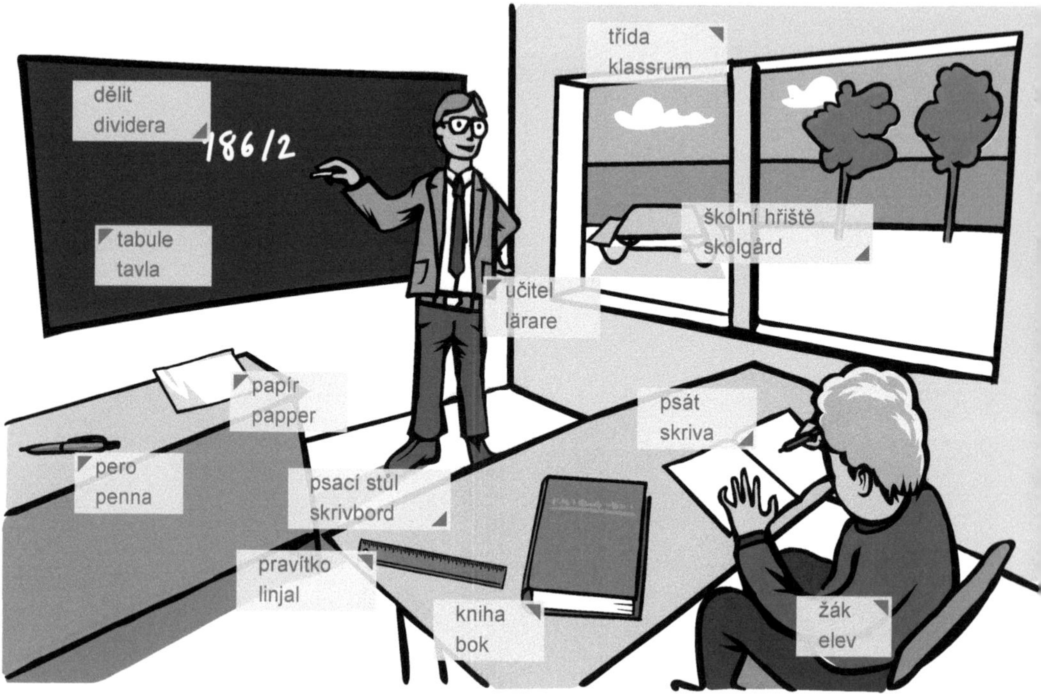

dělit
dividera
186/2
tabule
tavla
třída
klassrum
školní hřiště
skolgård
učitel
lärare
papír
papper
psát
skriva
pero
penna
psací stůl
skrivbord
pravítko
linjal
kniha
bok
žák
elev

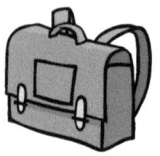

aktovka

skolväska

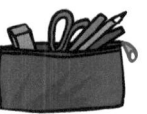

penál

pennfodral

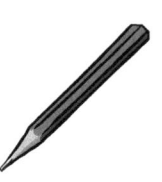

tužka

blyertspenna

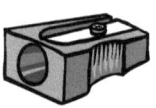

ořezávátko

pennvässare

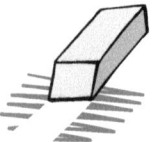

guma

suddgummi

blok na kreslení

ritblock

výkres

teckning

štětec

pensel

malířské potřeby

målarlåda

nůžky

sax

lepidlo

lim

cvičebnice

övningsbok

domácí úkol

hemläxa

počet

tal

sčítat

addera

odčítat

subtrahera

násobit

multiplicera

počítat

räkna

písmeno

bokstav

abeceda

alfabet

slovo

ord

text

text

číst

läsa

křída

krita

hodina

lektion

třídní kniha

register

zkouška

prov

vysvědčení

intyg

školní uniforma

skoluniform

vzdělání

utbildning

encyklopedie

uppslagsverk

univerzita

universitet

mikroskop

mikroskop

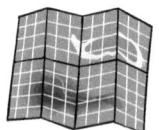

karta

karta

odpadkový koš na papír

papperskorg

cesta
resa

Grand
hotel
hotell
ubytovna
vandrarhem
ROOMS
směnárna
växelkontor
EXCHANGE
kufr
resväska
auto
bil

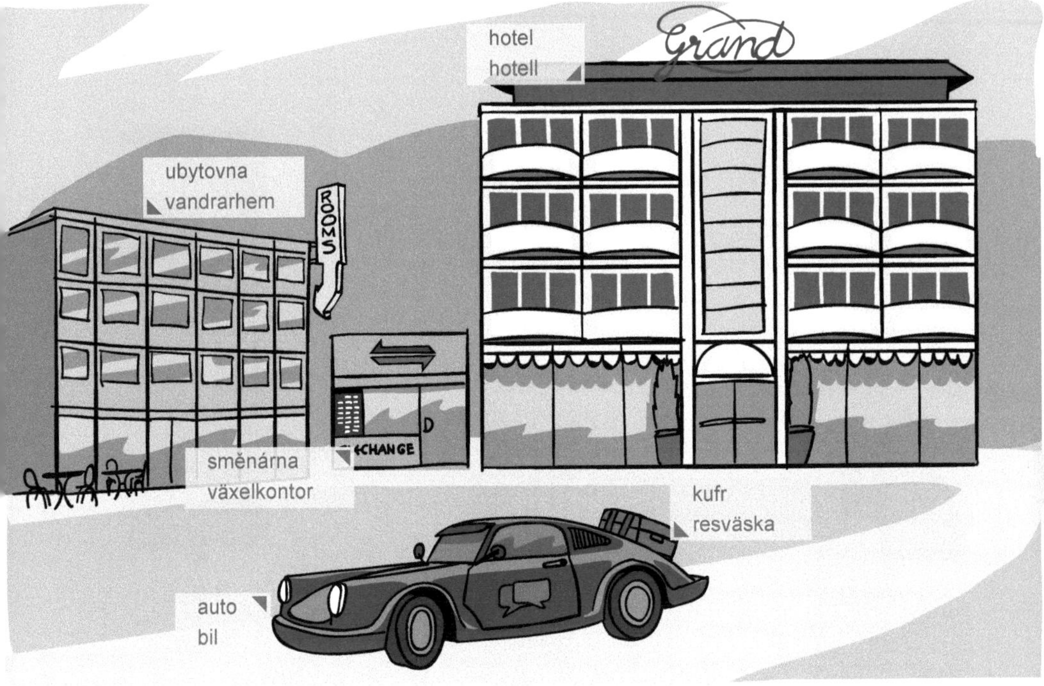

jazyk

språk

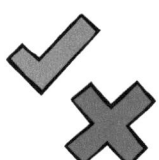

ano / ne

ja / nej

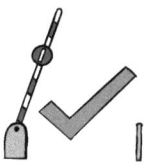

oukej

Okay

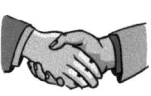

Ahoj!

hej

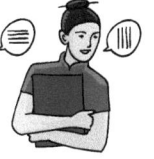

překladatel

översättare

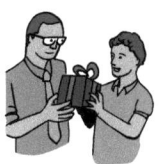

děkuji

Tack

Kolik stojí...?

hur mycket kostar...?

nerozumím

jag förstår inte

problém

problem

Dobrý večer!

God kväll!

Dobré ráno!

God morgon!

Dobrou noc!

God natt!

na shledanou

hejdå

směr

riktning

zavazadlo

bagage

taška

väska

batoh

ryggsäck

host

gäst

pokoj

rum

spací pytel

sovsäck

stan

tält

turistické informace

turistinformation

pláž

strand

kreditní karta

kreditkort

snídaně

frukost

oběd

lunch

večeře

middag

jízdenka

biljett

výtah

hiss

poštovní známka

frimärke

hranice

gräns

clo

tull

poselství

ambassad

vízum

visum

pas

pass

transport
transport

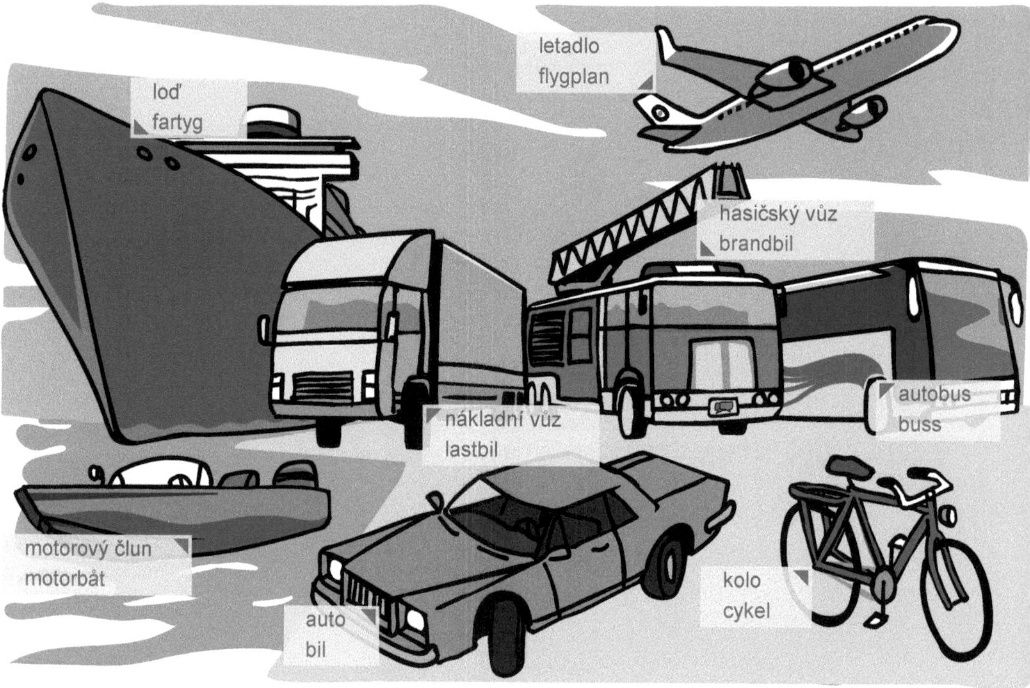

letadlo
flygplan
loď
fartyg
hasičský vůz
brandbil
autobus
buss
nákladní vůz
lastbil
motorový člun
motorbåt
kolo
cykel
auto
bil

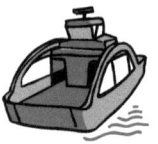

přívoz

färja

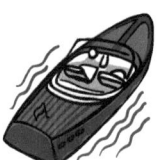

člun

båt

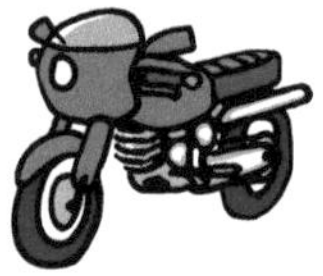

motorka

motorcykel

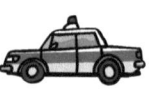

policejní auto

polisbil

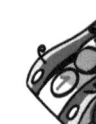

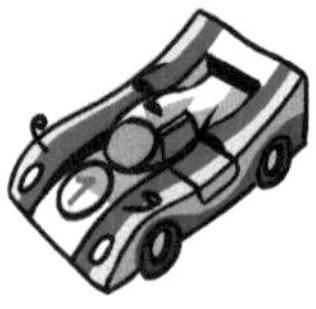

závodní auto

racerbil

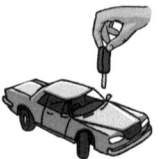

pronajaté auto

hyrbil

sdílení aut

bilpool

odtahová služba

bärgningsbil

popelářský vůz

sopbil

motor

motor

palivo

bränsle

čerpací stanice

bensinstation

dopravní značka

vägmärke

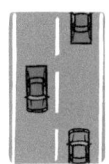

doprava

trafik

dopravní zácpa

bilkö

parkoviště

parkeringsplats

vlakové nádraží

tågstation

koleje

räls

vlak

tåg

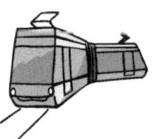

tramvaj

spårvagn

vagón

vagn

helikoptéra
helikopter

letiště
flygplats

věž
torn

pasažér
passagerare

kontejner
container

kartón
kartong

trakař
vagn

koš
korg

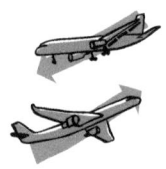

vzlétnout / přistát
starta / landa

město
stad

vesnice
by

střed města
centrum

dům
hus

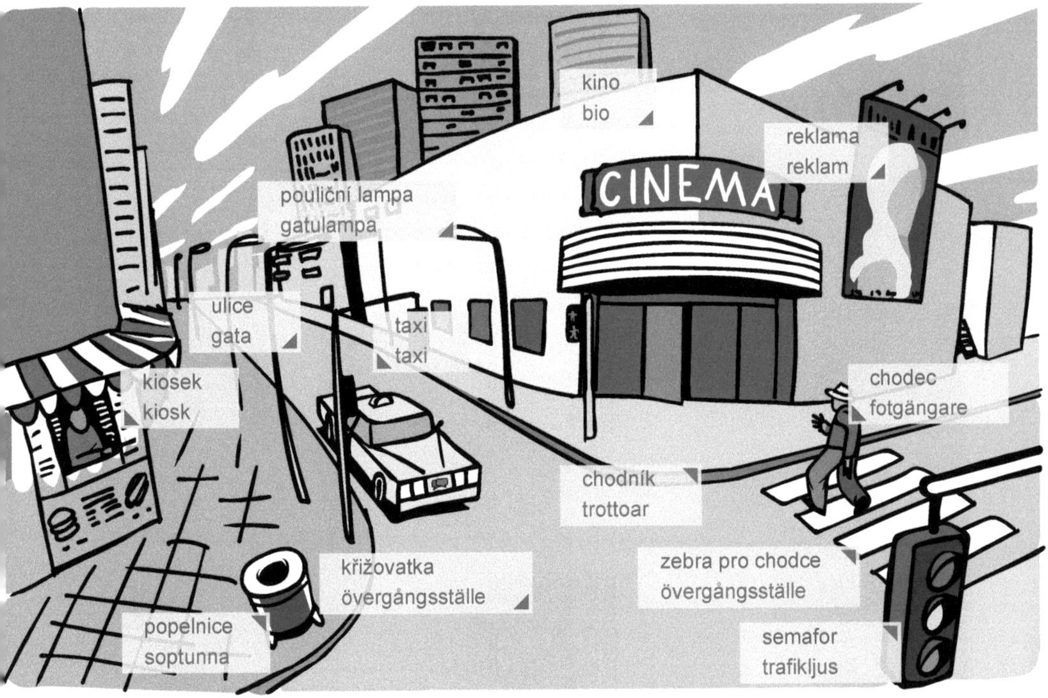

kino
bio

reklama
reklam

pouliční lampa
gatulampa

CINEMA

ulice
gata

taxi
taxi

chodec
fotgängare

kiosek
kiosk

chodník
trottoar

křižovatka
övergångsställe

zebra pro chodce
övergångsställe

popelnice
soptunna

semafor
trafikljus

chata

stuga

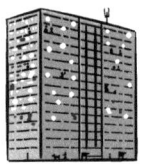

byt

lägenhet

vlakové nádraží

tågstation

radnice

stadshus

muzeum

museum

škola

skola

univerzita

universitet

banka

bank

nemocnice

sjukhus

hotel

hotell

lékárna

apotek

kancelář

kontor

knihkupectví

bokhandel

obchod

affär

květinářství

blomsterbutik

supermarket

stormarknad

tržnice

marknad

obchodní dům

varuhus

rybárna

fiskhandlare

nákupní centrum

köpcentrum

přístav

hamn

park

park

lavička

bänk

most

brygga

schody

trappa

metro

tunnelbana

tunel

tunnel

autobusová zastávka

busshållplats

bar

bar

restaurace

restaurang

poštovní schránka

brevlåda

pouliční tabule

gatuskylt

parkovací hodiny

parkeringsautomat

zoo

zoo

plovárna

simbassäng

mešita

moské

usedlost
bondgård

znečišťování životního
prostředí
förorening

hřbitov
kyrkogård

církev
kyrka

hřiště
lekplats

chrám
tempel

krajina
landskap

list
löv

rozcestník
vägskylt

cesta
väg

louka
äng

kámen
sten

turista
liftare

strom
träd

řeka
flod

tráva
gräs

květina
blomma

údolí
dal

hora
kulle

jezero
sjö

les
skog

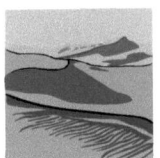

poušť
öken

sopka
vulkan

zámek
slott

duha
regnbåge

houba
svamp

palma
palm

komár
mygga

moucha
fluga

mravenec
myra

včela
bi

pavouk
spindel

brouk
skalbagge

žába
groda

veverka
ekorre

ježek
igelkott

zajíc
hare

sova
uggla

pták
fågel

labuť
svan

divoké prase
vildsvin

jelen
rådjur

los
älg

přehrada
damm

větrné kolo
vindkraftverk

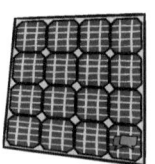

solární panel
solcellspanel

podnebí
klimat

restaurace

restaurang

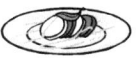

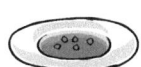

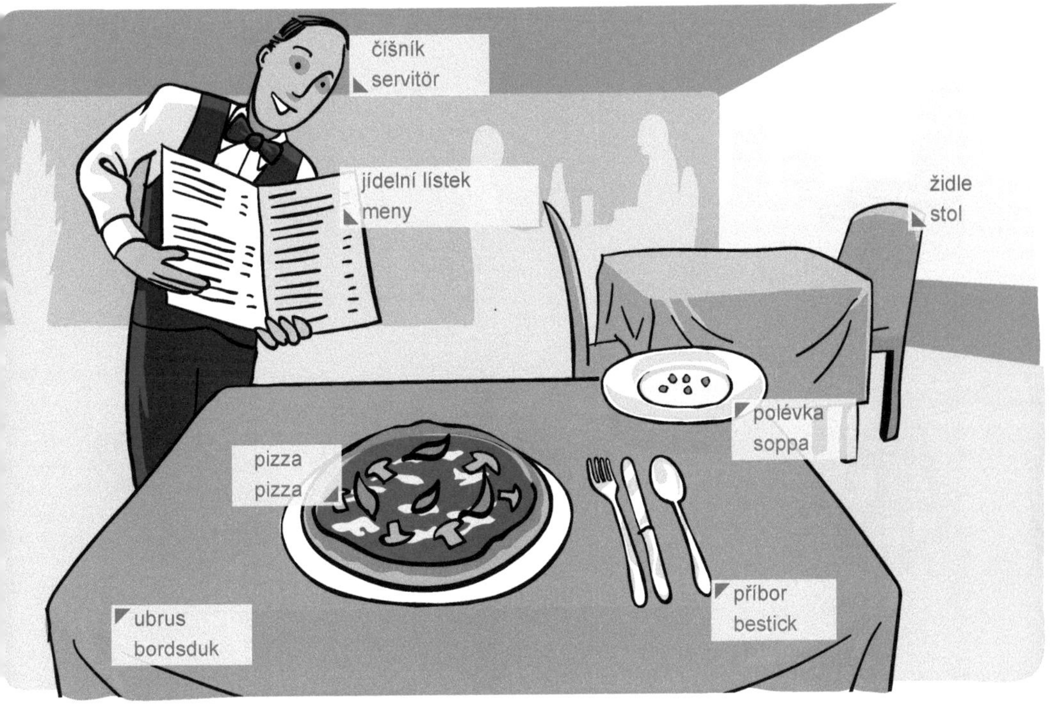

číšník
servitör
jídelní lístek
meny
židle
stol
polévka
soppa
pizza
pizza
příbor
bestick
ubrus
bordsduk

předkrm
förrätt

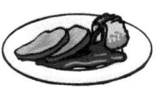

hlavní chod
huvudrätt

dezert
dessert

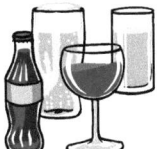

nápoje
drycker

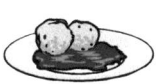

jídlo
mat

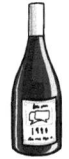

láhev
flaska

rychlé občerstvení

snabbmat

pouliční občerstvení

street food

čajová konvice

tekanna

cukřenka

sockerskål

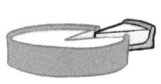

porce

portion

kávovar na espresso

espressomaskin

dětská stolička

barnstol

faktura

räkning

tác

bricka

nůž

kniv

vidlička

gaffel

lžíce

sked

čajová lyžička

tesked

ubrousek

servett

sklenička

glas

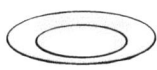

talíř

tallrik

talíř na polévku

sopptallrik

podšálek

tefat

omáčka

sås

slánka

saltkar

mlýnek na pepř

pepparkvarn

ocet

vinäger

olej

olja

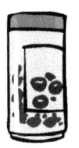

koření

kryddor

kečup

ketchup

hořčice

senap

majonéza

majonnäs

supermarket
stormarknad

nabídka
specialerbjudande
FOR
zákazník
kund
mléčné výrobky
mejeriprodukter
ovoce
frukt
nákupní vozík
varukorg

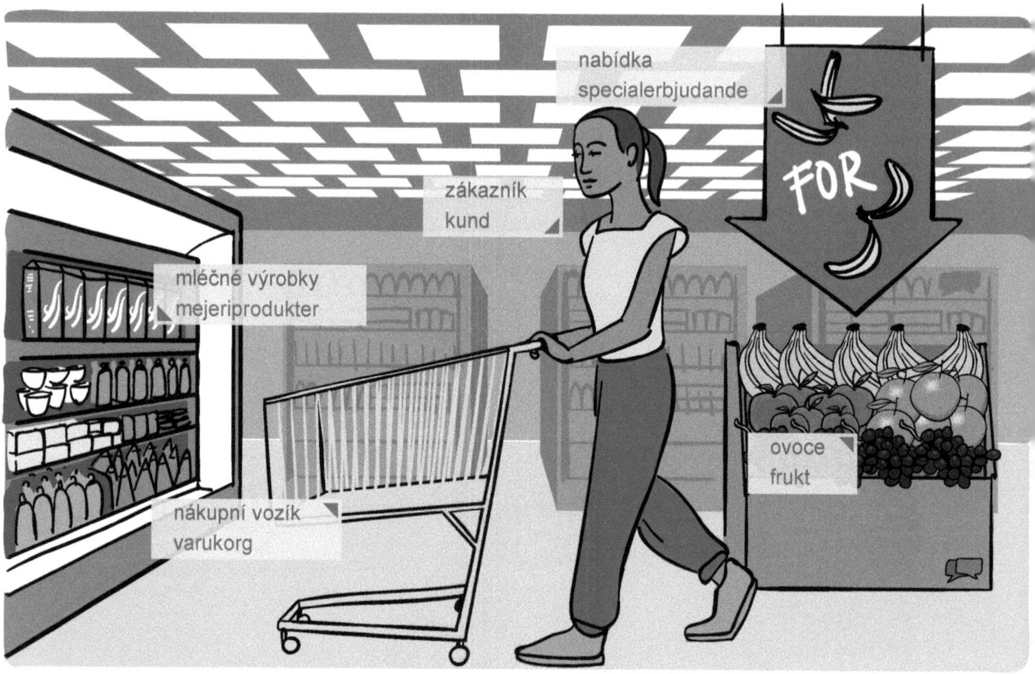

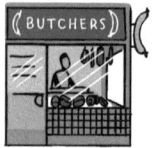

BUTCHERS

masna
charkuteri

BAKERY

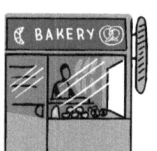

pekařství
bageri

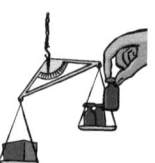

vážit
väga

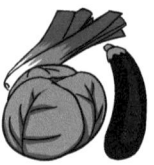

zelenina
grönsaker

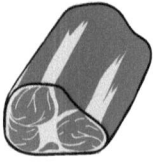

maso
kött

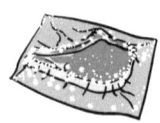

mražené potraviny
frysta livsmedel

obložený talíř

pålägg

konzervy

konserver

prací prášek

tvättmedel

cukrovinky

godis

výrobky pro domácnost

hushållsprodukter

čisticí prostředek

rengöringsmedel

prodavačka

försäljare

pokladna

kassa

pokladní

kassör

nákupní seznam

inköpslista

otevírací doba

öppettider

peněženka

plånbok

kreditní karta

kreditkort

taška

väska

igelitová taška

plastpåse

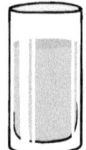

voda

vatten

džus

juice

mléko

mjölk

kola

cola

víno

vin

pivo

öl

alkohol

alkohol

kakao

kakao

čaj

te

káva

kaffe

espresso

espresso

kapučíno

cappuccino

banán

banan

jablko

äpple

pomeranč

apelsin

meloun

melon

citrón

citron

mrkev

morot

česnek

vitlök

bambus

bambu

cibule

lök

houba

svamp

ořechy

nötter

těstoviny

nudlar

špageti

spaghetti

rýže

ris

salát

sallad

hranolky

pommes frites

americké brambory

stekt potatis

pizza

pizza

hamburger

hamburgare

sendvič

smörgås

řízek

schnitzel

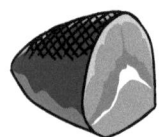

šunka

skinka

salám

salami

salám

korv

kuře

kyckling

pečeně

stek

ryby

fisk

ovesné vločky

havregryn

müsli

müsli

vločky

cornflakes

mouka

mjöl

croissant

croissant

houska

fralla

chléb

bröd

toast

rostat bröd

sušenky

kex

máslo

smör

tvaroh

kvarg

buchta

kaka

vejce

ägg

volské oko

stekt ägg

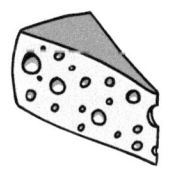

sýr

ost

zmrzlina

glass

cukr

socker

med

honung

marmeláda

sylt

nugátový krém

nougatkräm

kari

curry

usedlost
bondgård

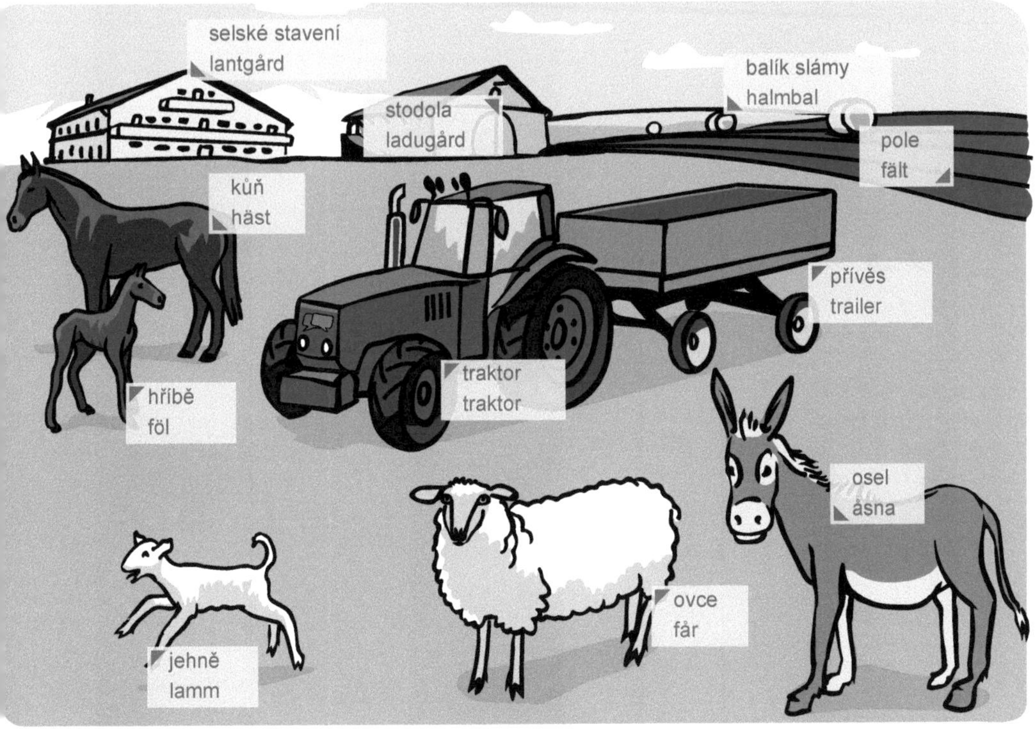

selské stavení
lantgård
stodola
ladugård
balík slámy
halmbal
pole
fält
kůň
häst
přívěs
trailer
traktor
traktor
hříbě
föl
osel
åsna
ovce
får
jehně
lamm

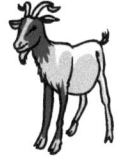

koza

get

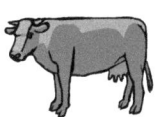

kráva

ko

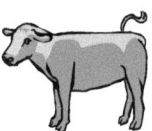

tele

kalv

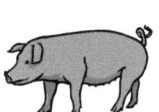

prase

gris

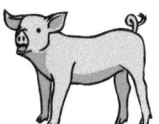

sele

griskulting

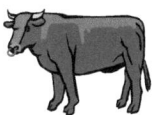

býk

tjur

husa

gås

kachna

anka

kuře

kyckling

slepice

höna

kohout

tupp

krysa

råtta

kočka

katt

myš

mus

vůl

oxe

pes

hund

psí bouda

hundkoja

zahradní hadice

trädgårdsslang

kropicí konev

vattenkanna

kosa

lie

pluh

plog

srp

skära

motyka

hacka

vidle

högaffel

sekera

yxa

kolecko

skottkärra

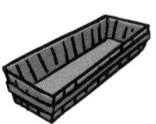

koryto

tråg

konev na mléko

mjölkflaska

pytel

säck

plot

staket

stáj

stall

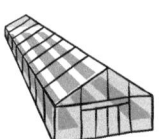

skleník

växthus

půda

jord

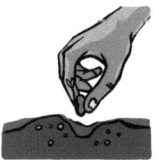

osivo

säd

hnojivo

gödsel

kombajn

skördetröska

sklidit

skörda

sklizeň

skörd

smldinec

jams

pšenice

vete

sója

soja

brambora

potatis

kukuřice

majs

řepka

raps

ovocný strom

fruktträd

maniok

maniok

obilí

spannmål

dům
hus

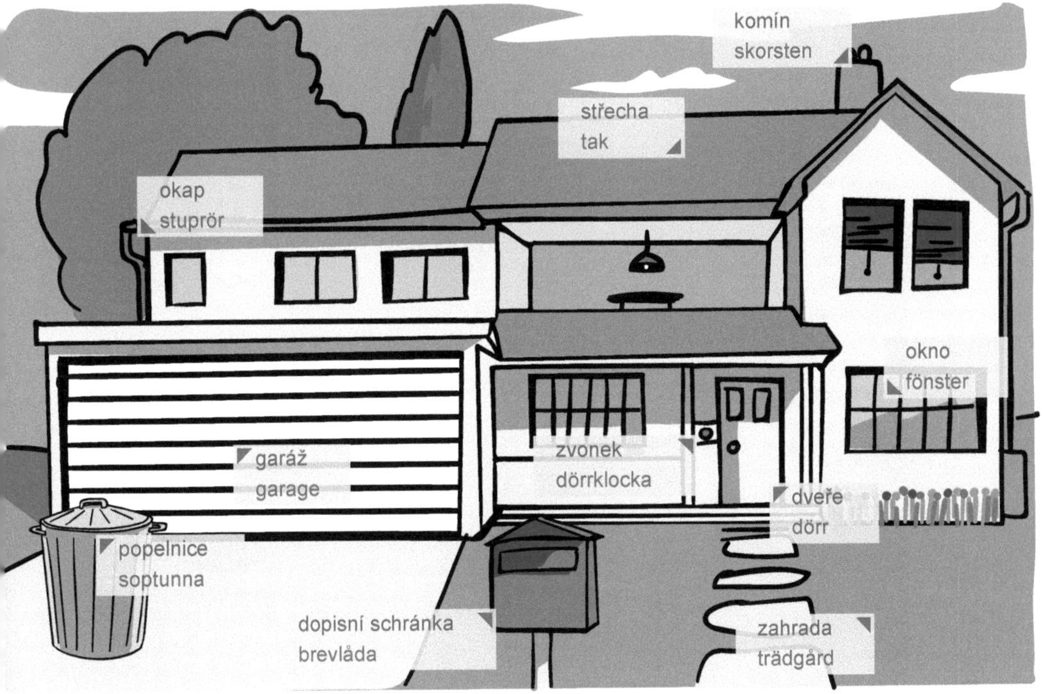

komín
skorsten
střecha
tak
okap
stuprör
okno
fönster
zvonek
dörrklocka
garáž
garage
dveře
dörr
popelnice
soptunna
dopisní schránka
brevlåda
zahrada
trädgård

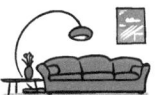

obývací pokoj

vardagsrum

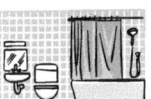

koupelna

badrum

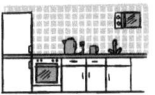

kuchyně

kök

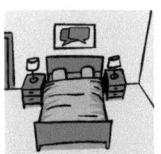

ložnice

sovrum

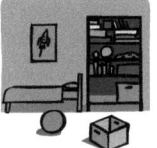

dětský pokoj

barnrum

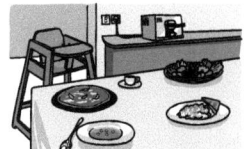

jídelna

matsal

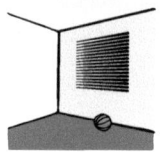

podlaha
golv

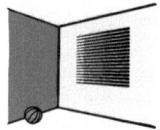

zeď
vägg

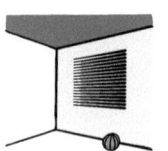

deka
tak

sklep
källare

sauna
bastu

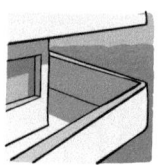

balkón
balkong

terasa
terrass

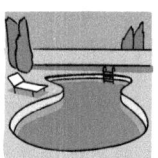

bazén
bassäng

sekačka na trávu
gräsklippare

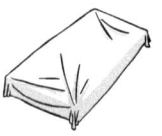

ložní prádlo
lakan

lůžková přikrývka
överkast

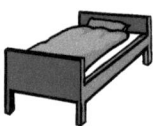

postel
säng

smeták
kvast

kýbl
hink

vypínač
strömbrytare

obývací pokoj
vardagsrum

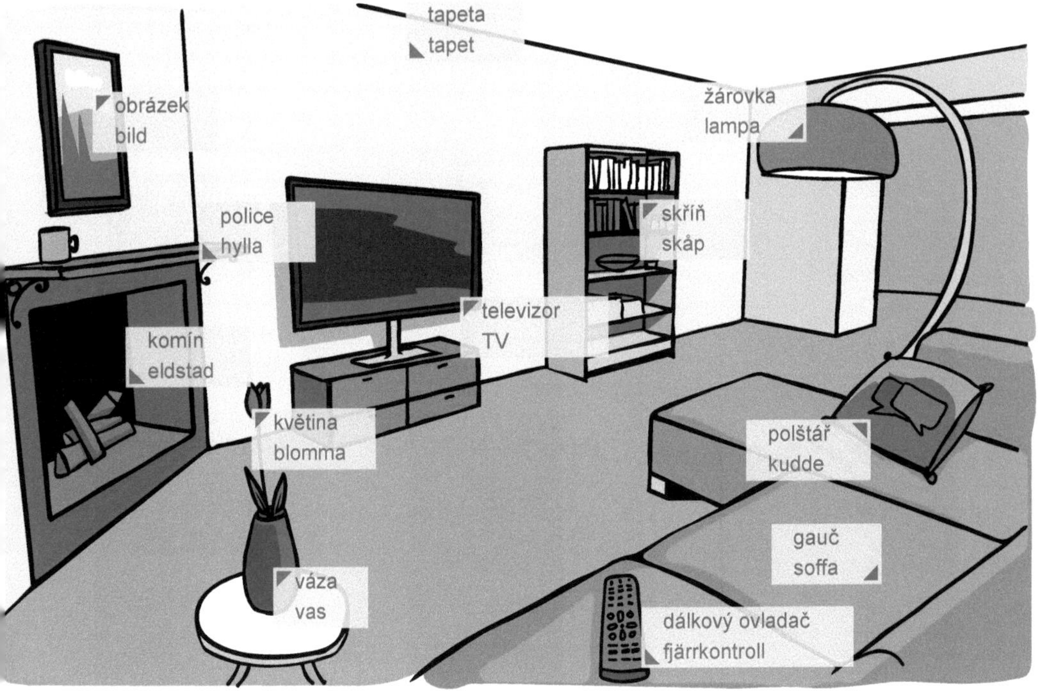
tapeta
tapet
obrázek
bild
žárovka
lampa
police
hylla
skříň
skåp
televizor
TV
komín
eldstad
květina
blomma
polštář
kudde
gauč
soffa
váza
vas
dálkový ovladač
fjärrkontroll

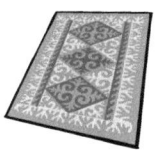

koberec

matta

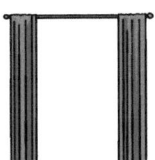

závěs

gardin

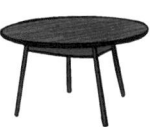

stůl

bord

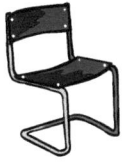

židle

stol

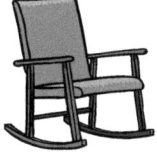

houpací křeslo

gungstol

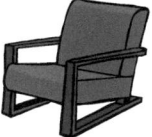

křeslo

fåtölj

kniha

bok

strop

filt

ozdoba

dekoration

palivové dříví

vedträ

film

film

stereo souprava

stereoanläggning

klíč

nyckel

noviny

dagstidning

malba

målning

plakát

poster

rádio

radio

poznámkový blok

anteckningsbok

vysavač

dammsugare

kaktus

kaktus

svíce

stearinljus

kuchyně
kök

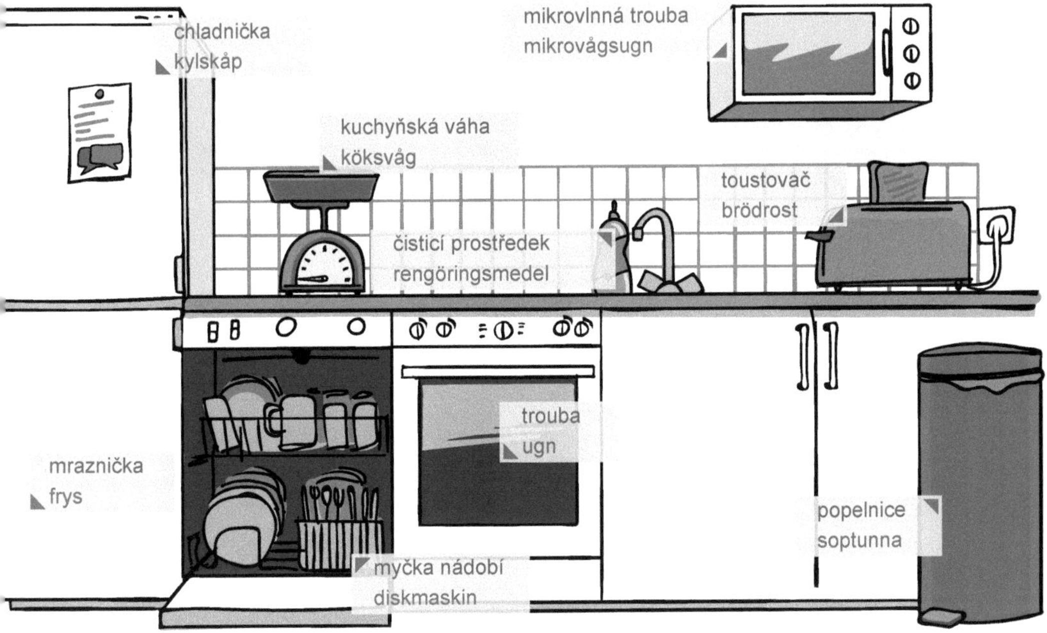
chladnička
kylskåp
mikrovlnná trouba
mikrovågsugn
kuchyňská váha
köksvåg
toustovač
brödrost
čisticí prostředek
rengöringsmedel
trouba
ugn
mraznička
frys
popelnice
soptunna
myčka nádobí
diskmaskin

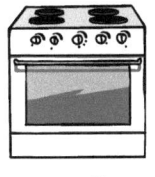

sporák
spis

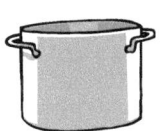

hrnec
kastrull

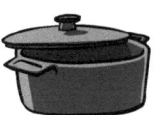

litinový hrnec
järngryta

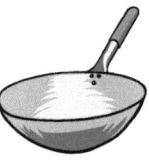

wok / kadai
wok / kadai

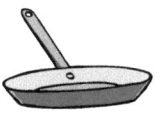

pánev
stekpanna

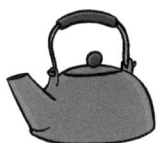

varná konvice
vattenkokare

parní hrnec

ångkokare

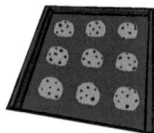

plech na pečení

bakplåt

nádobí

porslin

hrnek

mugg

miska

skål

jídelní hůlky

ätpinnar

naběračka

soppslev

obracečka

stekspade

metla

visp

síto

durkslag

cedník

sil

struhadlo

rivjärn

hmoždíř

mortel

gril

grill

ohniště

brasa

prkénko na krájení

skärbräda

váleček na těsto

kavel

vývrtka

korkskruv

dóza

burk

otvírák na konzervy

burköppnare

chňapka

grytlapp

umyvadlo

vask

kartáč na nádobí

borste

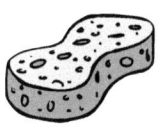

houba

svamp

mixér

mixer

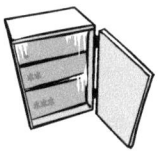

mrazák

frys

dětská lahev

nappflaska

kohoutek

kran

koupelna
badrum

topení
värme
sprcha
dusch
ručník
handduk
sprchový závěs
duschdraperi
pěnová koupel
bubbelbad
vana
badkar
sklenička
glas
pračka
tvättmaskin
kohoutek
kran
obkladačky
kakel
nočník
potta
umyvadlo
vask

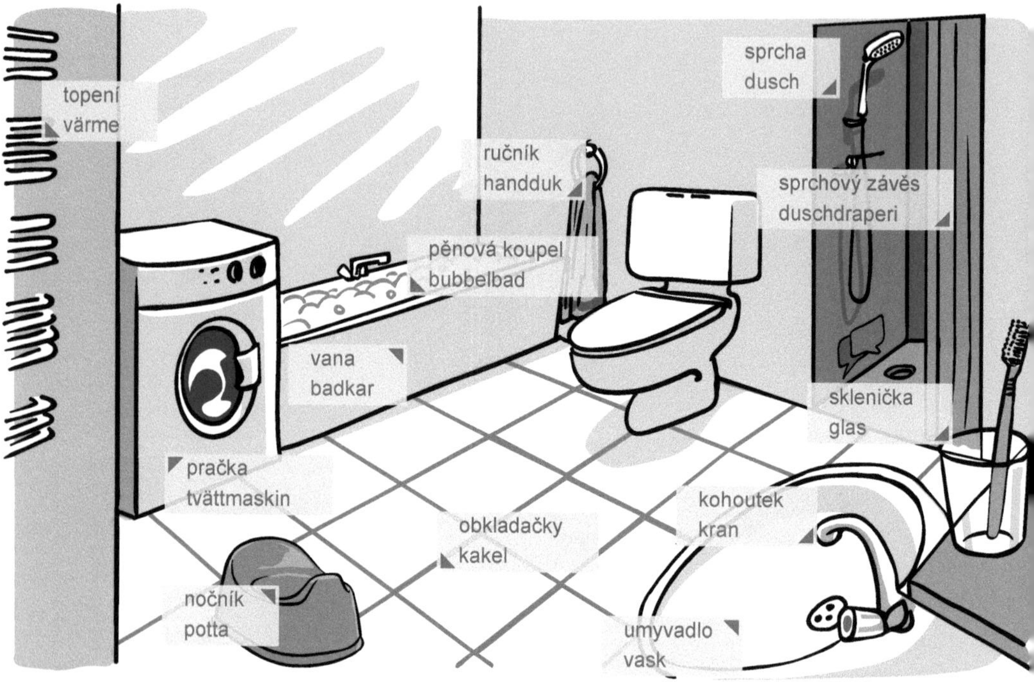

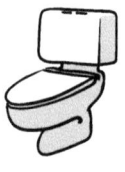

záchod
toalett

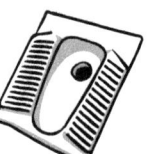

turecký záchod
låg toalett

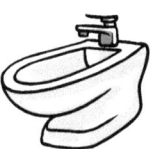

bidet
bidet

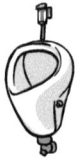

pisoár
pissoar

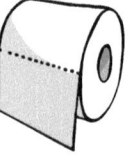

toaletní papír
toalettpapper

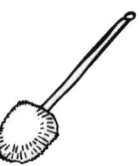

záchodová štětka
toalettborste

zubní kartáček

tandborste

zubní pasta

tandkräm

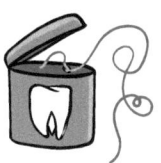

zubní niť

tandtråd

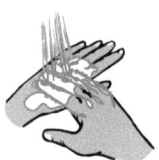

mýt

tvätta

ruční sprcha

handdusch

intimní sprcha

intimdusch

umyvadlo

handfat

kartáč na záda

ryggborste

mýdlo

tvål

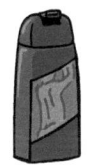

sprchový gel

duschgel

šampón

schampo

žínka

trasa

odpad

avlopp

krém

crème

deodorant

deodorant

zrcadlo

spegel

kosmetické zrcátko

handspegel

holicí strojek

rakhyvel

pěna na holení

raklödder

voda po holení

rakvatten

hřeben

kam

kartáč

borste

fén

hårtork

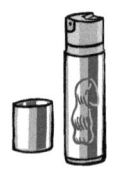

lak na vlasy

hårspray

makeup

smink

rtěnka

läppstift

lak na nehty

nagellack

vata

bomullsvadd

nůžky na nehty

nagelsax

parfém

parfym

taška s toaletními potřebami

necessär

stolička

pall

váha

våg

župan

badrock

gumové rukavice

gummihandskar

tampón

tampong

dámská vložka

binda

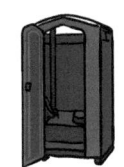

chemická toaleta

kemisk toalett

dětský pokoj
barnrum

budík
väckarklocka
plyšová hračka
gosedjur
autíčko
leksaksbil
chrastítko
skallra
domeček pro panenky
dockhus
dárek
present

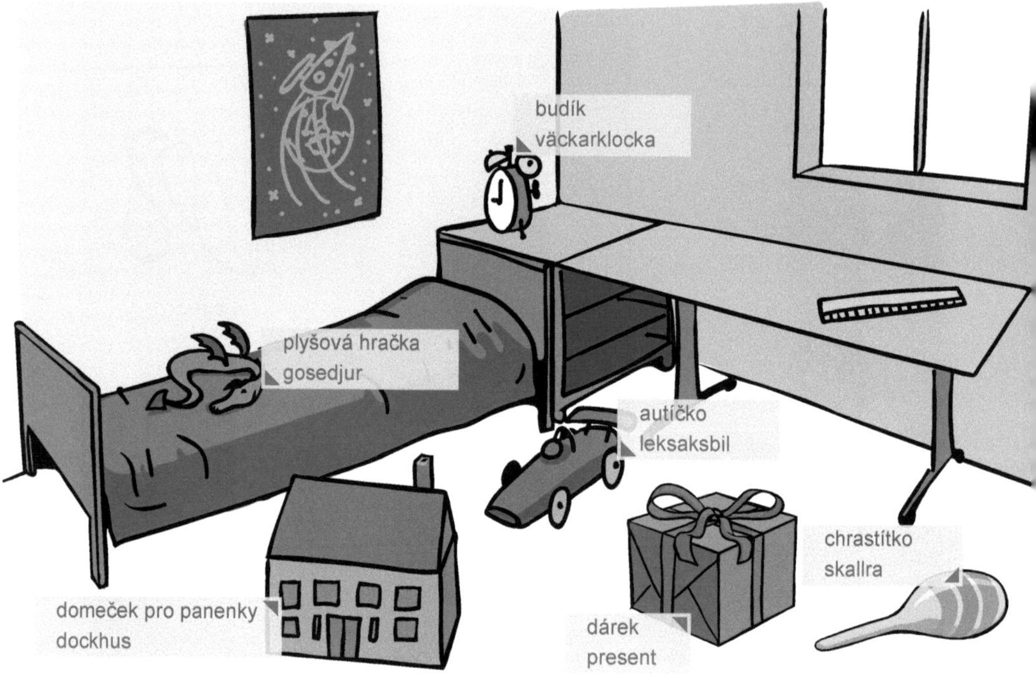

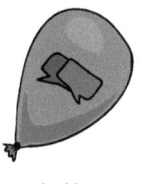

balón
ballong

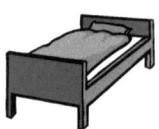

postel
säng

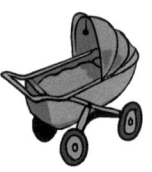

kočárek
barnvagn

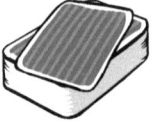

balíček karet
kortlek

puzzle
pussel

SUPER
MEGA

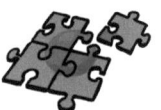

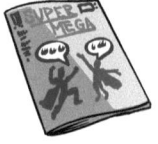

komiks
serietidning

lego kostky

legobitar

stavebnice

klossar

akční figurka

actionfigur

dupačky

sparkdräkt

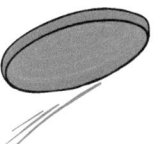

frisbee

frisbee

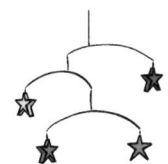

závěsné hračky nad postýlku

mobil

desková hra

brädspel

kostky

tärning

modelová železnice

modelljärnväg

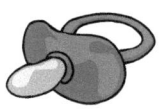

dudlík

napp

oslava

party

obrázková kniha

bilderbok

míč

boll

panenka

docka

hrát si

spela

pískoviště
sandlåda

houpačka
gunga

hračky
leksaker

hrací konzole
spelkonsol

tříkolka
trehjuling

medvídek
nalle

šatník
garderob

oblečení
kläder

ponožky
sockar

punčochy
strumpor

punčochové kalhoty
tights

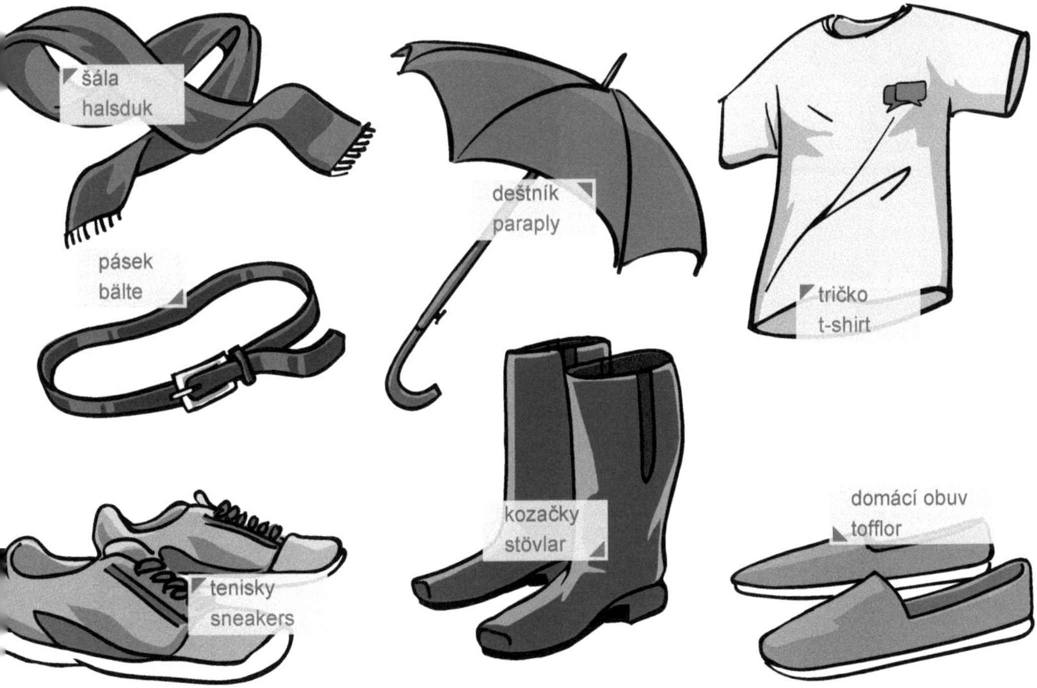

šála
halsduk

deštník
paraply

tričko
t-shirt

pásek
bälte

kozačky
stövlar

domácí obuv
tofflor

tenisky
sneakers

sandály
....
sandaler

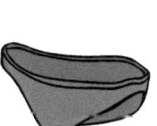
obuv
....
skor

holínky
....
gummistövlar

spodní prádlo
....
underbyxor

podprsenka
....
BH

nátělník
....
linne

body
body

kalhoty
byxor

džíny
jeans

sukně
kjol

blůza
blus

košile
skjorta

svetr
pullover

mikina
sweater

blejzr
blazer

bunda
jacka

kabát
kappa

pláštěnka
regnjacka

kostým
dräkt

šaty
klänning

svatební šaty
bröllopsklänning

oblek
kostym

noční košile
nattlinne

pyžamo
pyjamas

sárí
sari

šátek na hlavu
slöja

turban
turban

burka
burka

kaftan
kaftan

abája
abaya

plavky
baddräkt

pánské plavky
badbyxor

kraťasy
shorts

teplákova souprava
träningsoverall

zástěra
förkläde

rukavice
handskar

knoflík

knapp

brýle

glasögon

náramek

armband

náhrdelník

halsband

prsten

ring

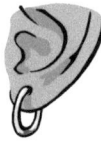

náušnice

örhänge

čepice

mössa

ramínko

galge

klobouk

hatt

kravata

slips

zip

dragkedja

helma

hjälm

kšandy

hängslen

školní uniforma

skoluniform

uniforma

uniform

bryndák

haklapp

dudlík

napp

plena

blöja

kancelář
kontor

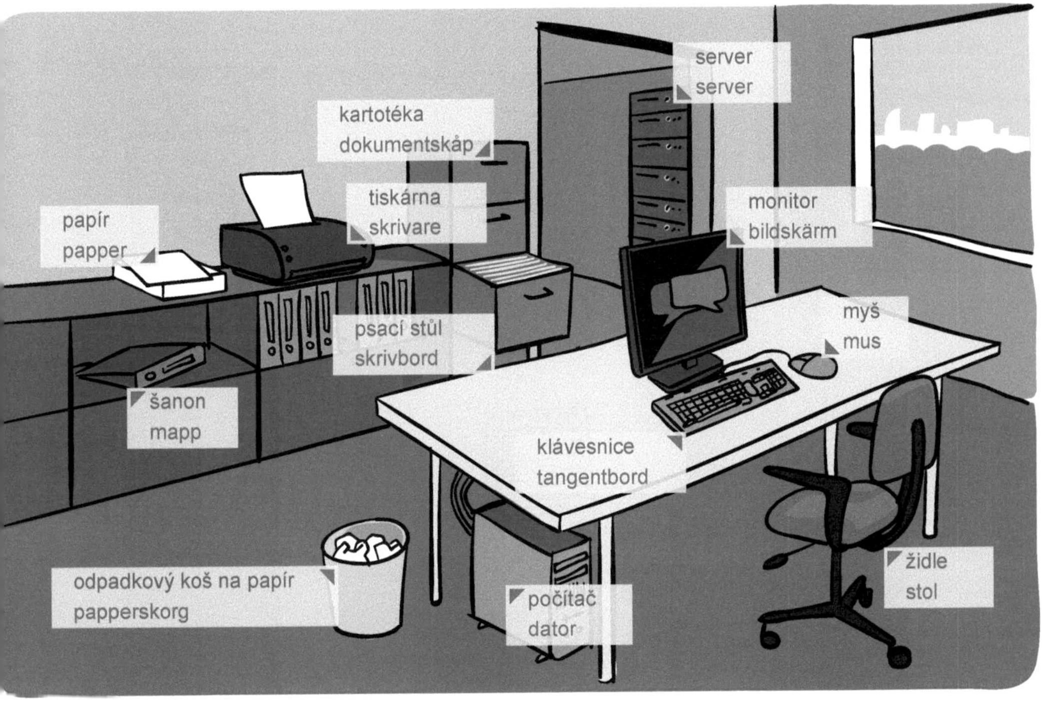

server
server

kartotéka
dokumentskåp

tiskárna
skrivare

papír
papper

monitor
bildskärm

psací stůl
skrivbord

myš
mus

šanon
mapp

klávesnice
tangentbord

odpadkový koš na papír
papperskorg

počítač
dator

židle
stol

hrnek na kávu

kaffemugg

kalkulačka

miniräknare

internet

internet

notebook

bärbar dator

dopis

brev

zpráva

meddelande

mobil

mobiltelefon

síť

nätverk

kopírka

kopieringsapparat

software

programvara

telefon

telefon

zásuvka

vägguttag

fax

fax

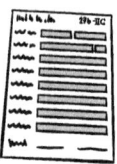

formulář

blankett

dokument

dokument

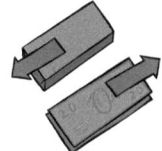

nakupovat

köpa

zaplatit

betala

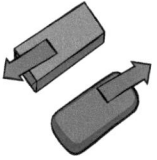

jednat

handla

peníze

pengar

dolar

dollar

euro

euro

jen

yen

rubl

rubel

frank

schweizisk franc

juan

renminbi yan

rupie

rupie

bankomat

bankomat

směnárna

växelkontor

zlato

guld

stříbro

silver

olej

olja

energie

energi

cena

pris

smlouva

kontrakt

daň

skatt

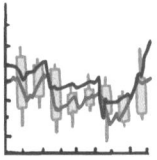

akcie

aktie

pracovat

arbeta

zaměstnanec

anställd

zaměstnavatel

arbetsgivare

továrna

fabrik

obchod

affär

povolání
yrken

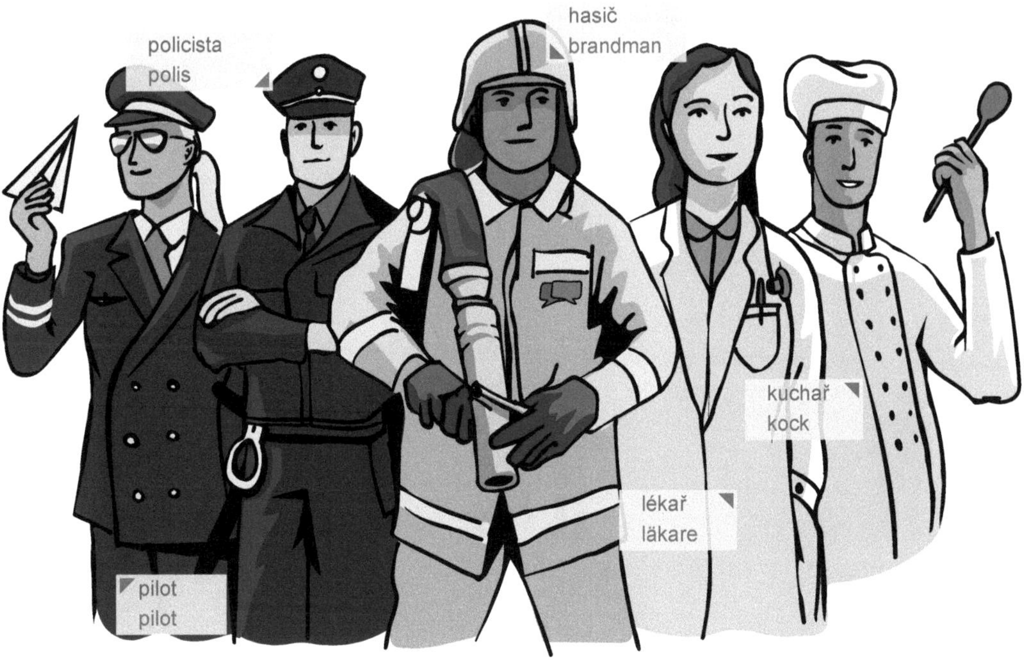

policista
polis
hasič
brandman
kuchař
kock
lékař
läkare
pilot
pilot

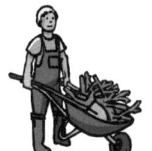

zahradník

trädgårdsmästare

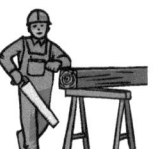

truhlář

snickare

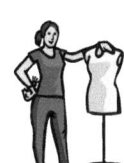

švadlena

sömmerska

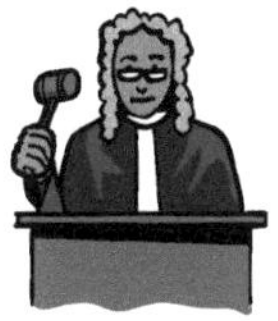

soudce

domare

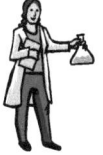

chemik

kemist

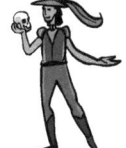

herec

skådespelare

řidič autobusu

busschaufför

řidič taxi

taxichaufför

rybář

fiskare

uklízečka

städerska

pokrývač

takläggare

číšník

servitör

myslivec

jägare

malíř

målare

pekař

bagare

elektrikář

elektriker

stavební dělník

byggarbetare

inženýr

ingenjör

řezník

slaktare

klempíř

rörmokare

listonoš

brevbärare

voják
soldat

architekt
arkitekt

pokladní
kassör

florista
florist

kadeřník
frisör

průvodčí
konduktör

mechanik
mekaniker

kapitán
kapten

zubař
tandläkare

vědec
vetenskapsman

rabín
rabbin

imám
imam

mnich
munk

duchovní
präst

nářadí
verktyg

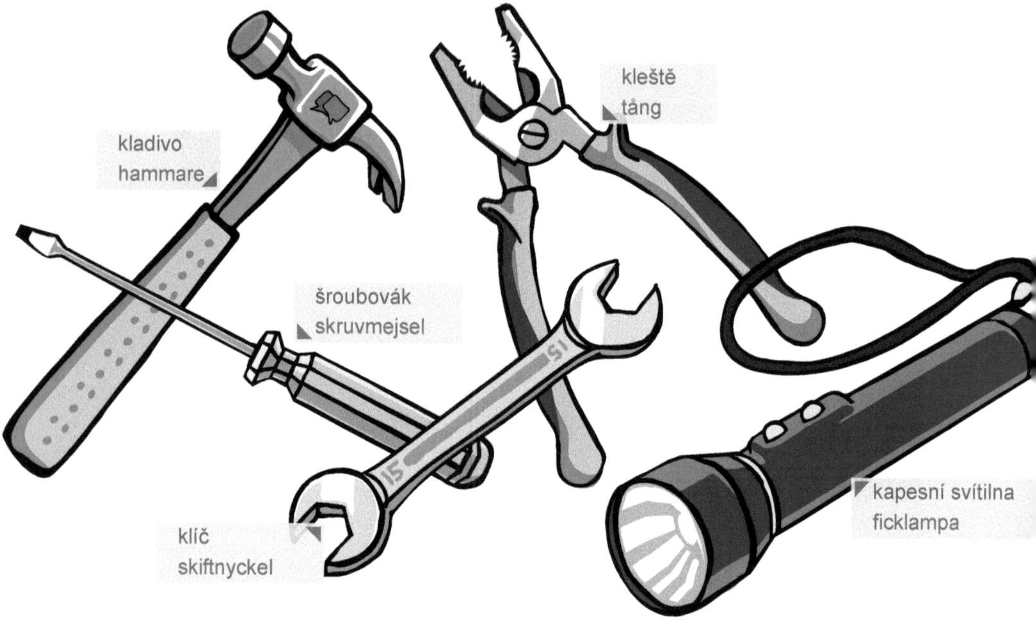

kladivo
hammare
kleště
tång
šroubovák
skruvmejsel
klíč
skiftnyckel
kapesní svítilna
ficklampa

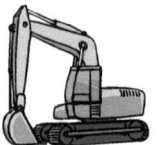

bagr

grävmaskin

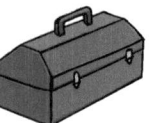

skříň na nářadí

verktygslåda

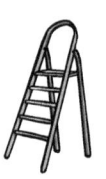

žebřík

stege

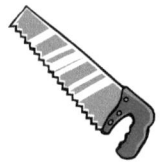

pila

såg

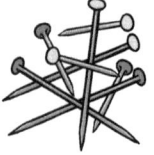

hřebíky

spik

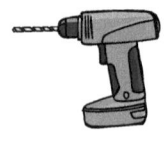

vrtačka

borr

opravit
reparera

lopata
spade

Kurva!
Helvete!

lopatka
sopskyffel

vědroé na barvu
färgburk

šrouby
skruvar

hudební nástroje
musikinstrument

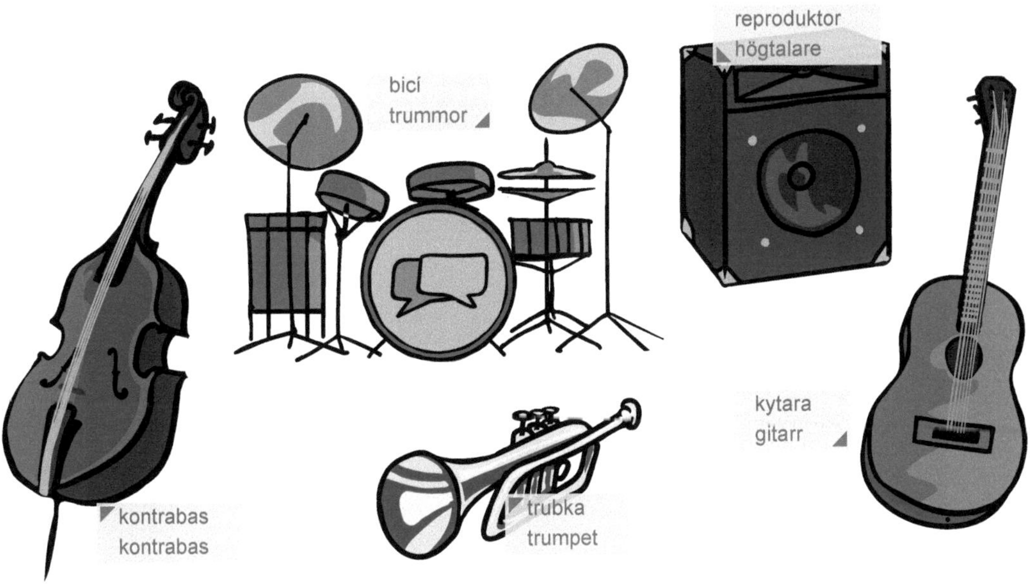

bicí
trummor

reproduktor
högtalare

kontrabas
kontrabas

trubka
trumpet

kytara
gitarr

klavír
piano

housle
violin

basa
bas

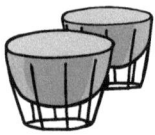

tympán
timpani

bubny
trumma

keyboard
keyboard

saxofon
saxofon

flétna
flöjt

mikrofon
mikrofon

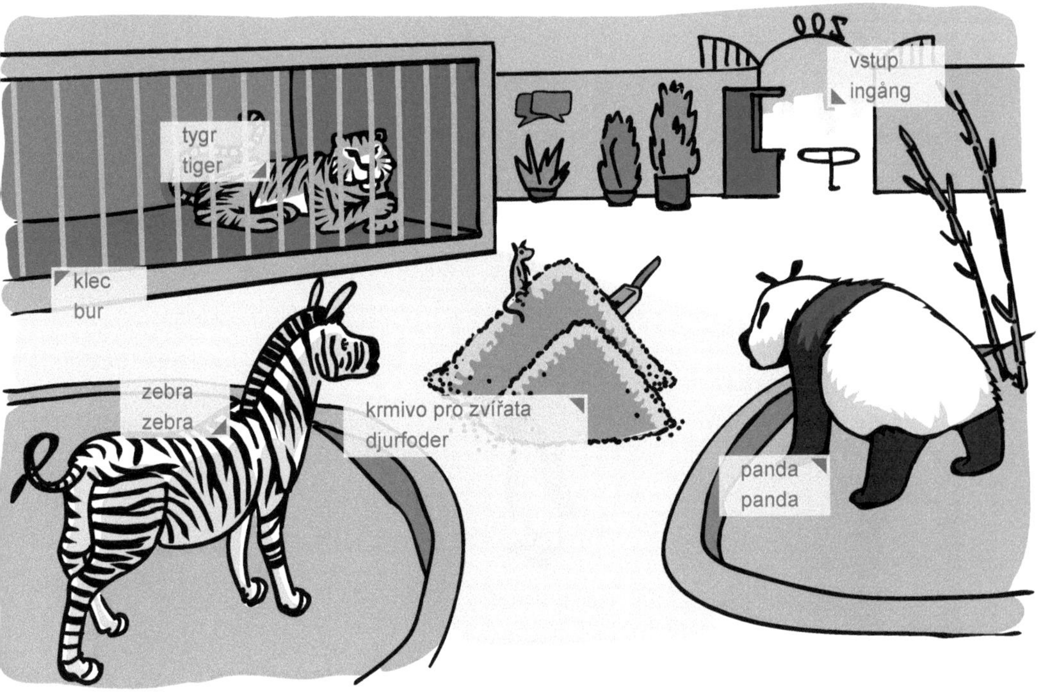

vstup
ingång

tygr
tiger

klec
bur

zebra
zebra

krmivo pro zvířata
djurfoder

panda
panda

zvířata

djur

slon

elefant

klokan

känguru

nosorožec

noshörning

gorila

gorilla

medvěd

björn

velbloud

kamel

pštros

struts

lev

lejon

opice

apa

plameňák

flamingo

papoušek

papegoja

lední medvěd

isbjörn

tučňák

pingvin

žralok

haj

páv

påfågel

had

orm

krokodýl

krokodil

ošetřovatel zvířat

djurskötare

tuleň

säl

jaguár

jaguar

zoo - zoo

poník
ponny

leopard
leopard

hroch
flodhäst

žirafa
giraff

orel
örn

divoké prase
vildsvin

ryby
fisk

želva
sköldpadda

mrož
valross

liška
räv

gazela
gazell

americký fotbal
amerikansk fotboll

cyklistika
cykling

tenis
tennis

košíková
basket

plavání
simning

box
boxning

lední hokej
ishockey

kopaná
fotboll

badminton
badminton

lehká atletika
friidrott

házená
handboll

běh na lyžích
skidåkning

vodní pólo
polo

aktivity
aktiviteter

smát se
skratta
skočit
hoppa
objímat
krama
jít
gå
zpívat
sjunga
snít
drömma
modlit se
be
políbit
kyssa

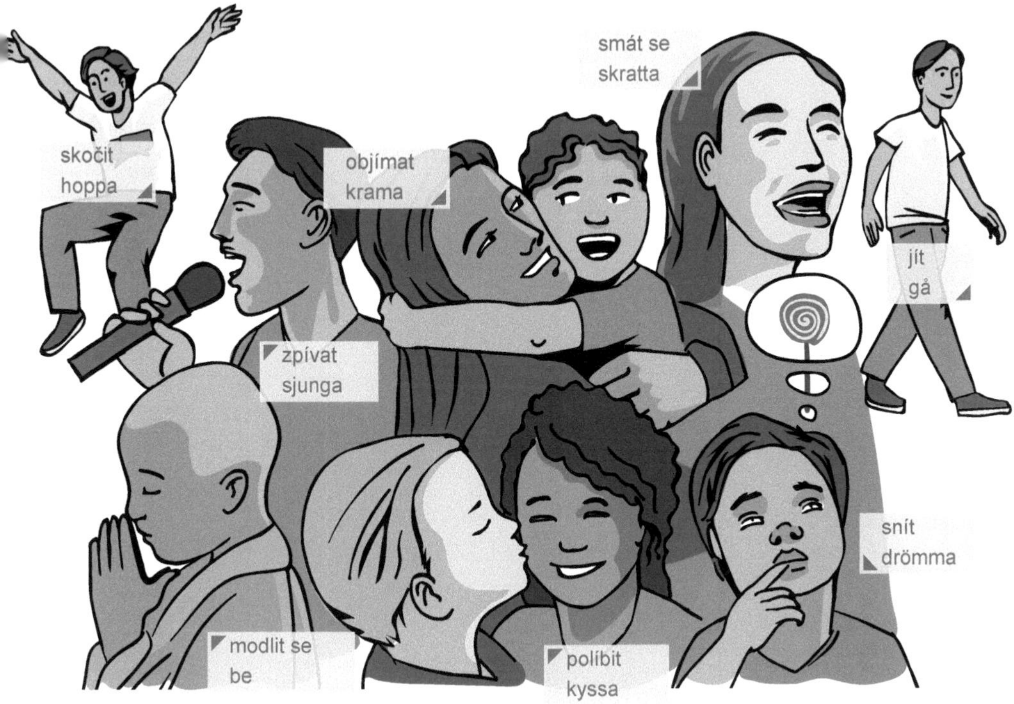

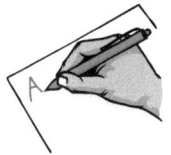

psát
skriva

kreslit
rita

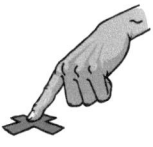

ukazovat
visa

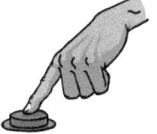

tlačit
skjuta

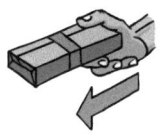

dát
ge

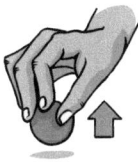

vzít si
ta

mít

hagel

dělat

göra

být

vara

stát

stå

běhat

springa

táhnout

dra

hodit

kasta

padat

falla

ležet

ligga

čekat

vänta

nosit

bära

sedět

sitta

oblékat

klä på

spát

sova

vzbudit se

vakna

prohlédnout si

se på

plakat

gråta

pohladit

smeka

česat

kamma

hovořit

prata

rozumět

förstå

ptát se

fråga

slyšet

höra

pít

dricka

jíst

äta

uklidit

städa

milovat

älska

vařit

laga mat

jet

köra

letět

flyga

plachtit
....
segla

počítat
....
räkna

číst
....
läsa

učit se
....
lära sig

pracovat
....
arbeta

vzít si
....
gifta sig

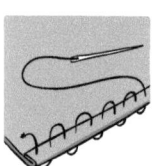

šít
....
sy

čistit si zuby
....
borsta tänderna

zabít
....
döda

kouřit
....
röka

poslat
....
skicka

rodina
familj

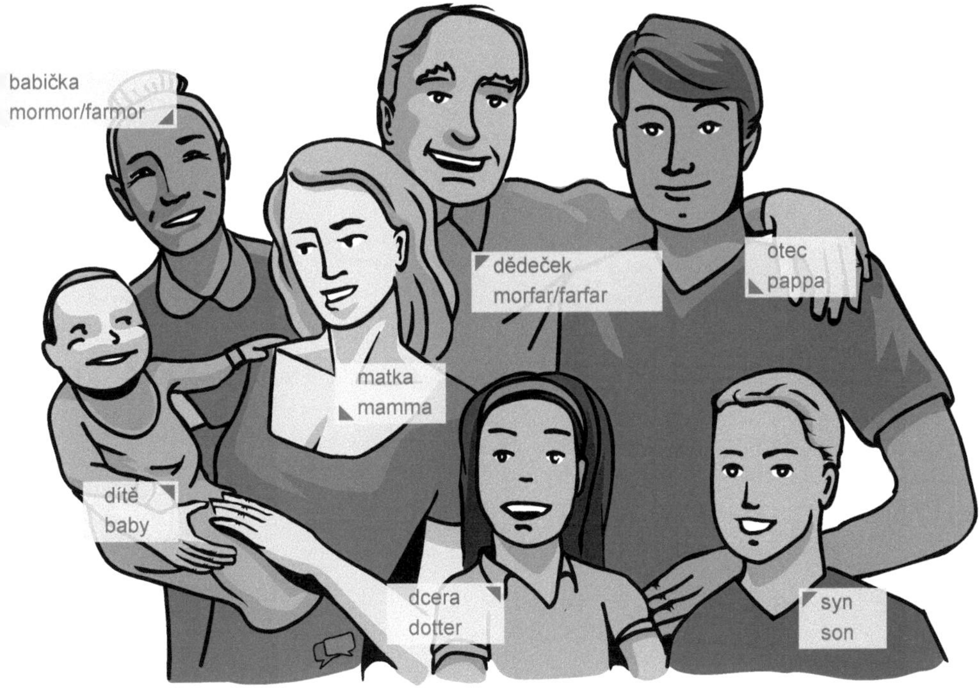
babička
mormor/farmor
dědeček
morfar/farfar
otec
pappa
matka
mamma
dítě
baby
dcera
dotter
syn
son

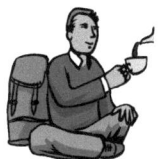

host

gäst

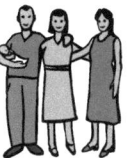

teta

moster/faster

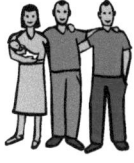

strýc

farbror/morbror

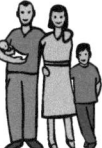

bratr

bror

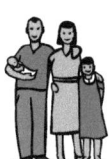

sestra

syster

tělo
kropp

čelo
panna
oko
öga
rameno
skuldra
prst
finger
obličej
ansikte
brada
haka
ruka
hand
dolní končetina
ben
hruď
bröst
paže
arm

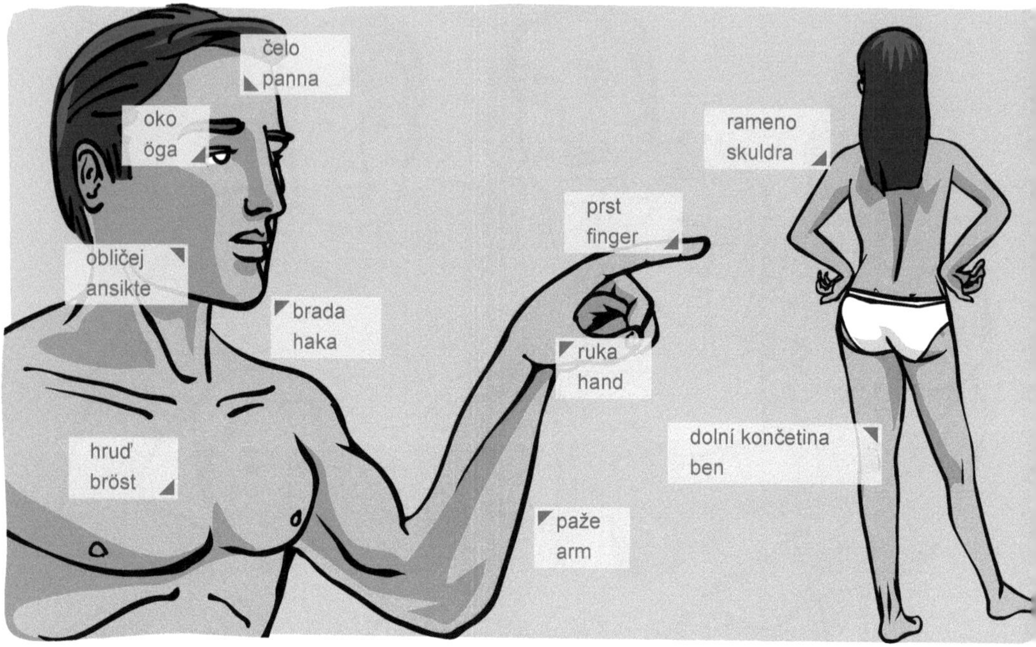

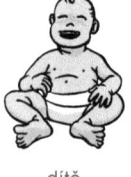

dítě

baby

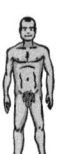

muž

man

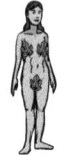

žena

kvinna

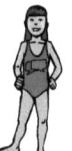

dívka

flicka

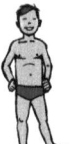

chlapec

pojke

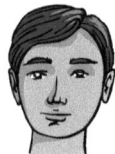

hlava

huvud

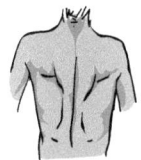

záda

rygg

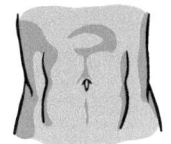

břicho

mage

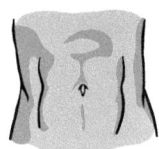

pupík

navel

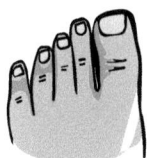

prst na noze

tå

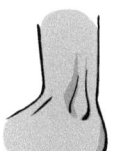

pata

häl

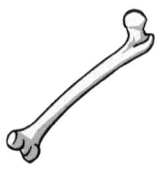

kost

ben

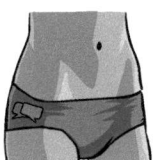

bok

höft

koleno

knä

loket

armbåge

nos

näsa

zadek

stjärt

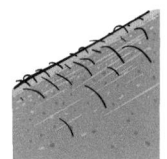

kůže

hud

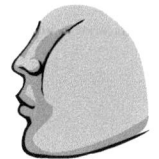

tvář

kind

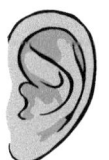

ucho

öra

ret

läpp

tělo - kropp

	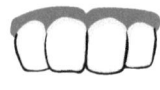	
ústa mun	zub tand	jazyk tunga
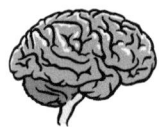		
mozek hjärna	srdce hjärta	sval muskel
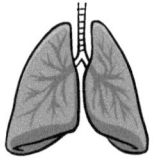		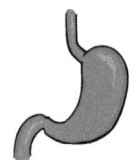
plíce lunga	játra lever	žaludek magsäck
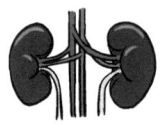		
ledviny njurar	pohlavní styk sex	kondom kondom
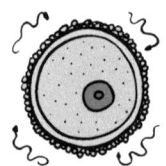		
vajíčko äggcell	sperma sperma	těhotenství graviditet

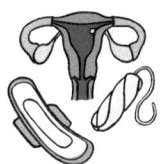

menstruace

menstruation

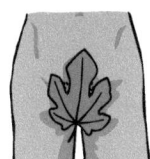

vagina

vagina

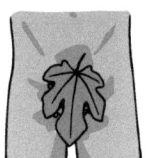

penis

penis

obočí

ögonbryn

vlasy

hår

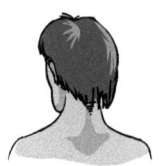

krk

nacke

nemocnice
sjukhus

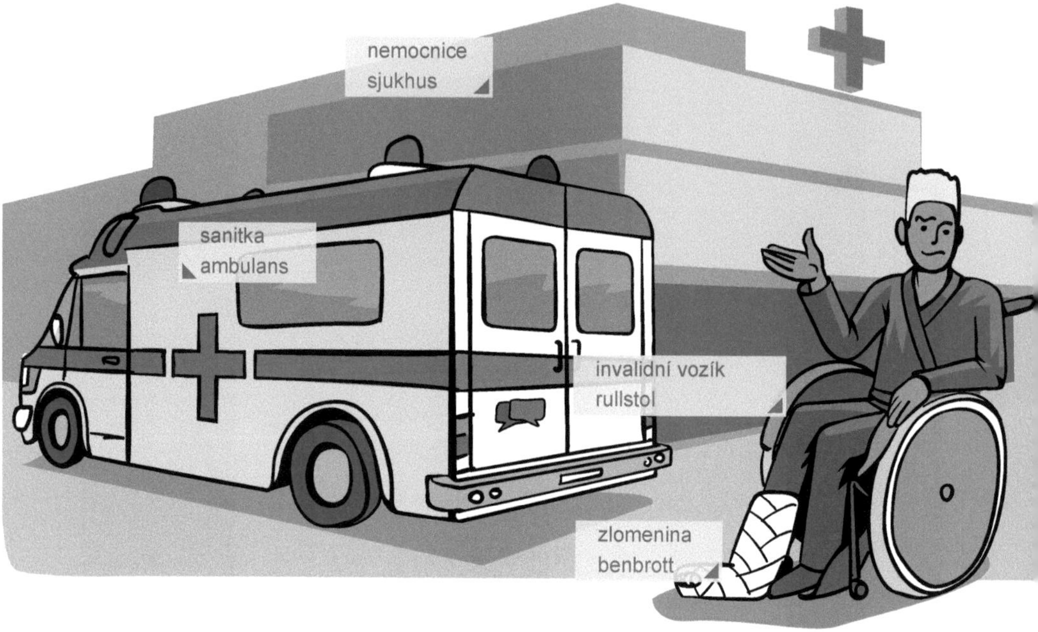

nemocnice
sjukhus
sanitka
ambulans
invalidní vozík
rullstol
zlomenina
benbrott

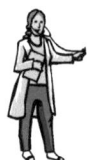

lékař

läkare

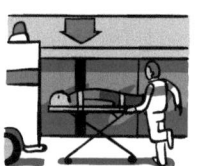

pohotovost

akutmottagning

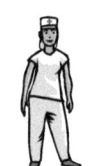

zdravotní sestra

sjuksköterska

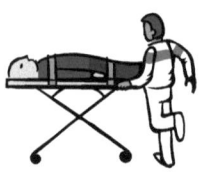

urgentní případ

nödsituation

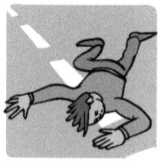

v bezvědomí

medvetslös

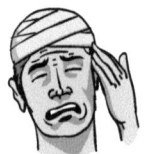

bolest

smärta

úraz

skada

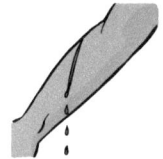

krvácení

blödning

infarkt myokardu

hjärtattack

cévní mozková příhoda

slaganfall

alergie

allergi

kašel

hosta

horečka

feber

chřipka

influensa

průjem

diarré

bolest hlavy

huvudvärk

rakovina

cancer

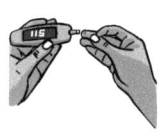

cukrovka

diabetes

chirurg

kirurg

skalpel

skalpell

operace

operation

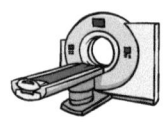

CT
CT

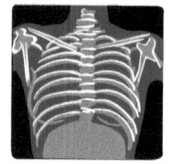

rentgen
röntgen

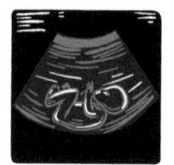

ultrazvuk
ultraljud

maska
ansiktsmask

nemoc
sjukdom

čekárna
väntsal

berle
krycka

náplast
plåster

obvaz
bandage

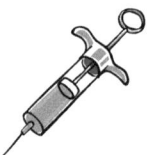

injekce
injektion

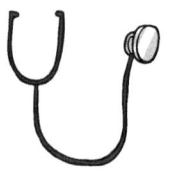

stetoskop
stetoskop

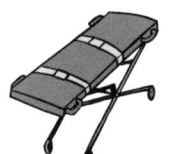

nosítka
bår

teploměr
termometer

porod
födsel

nadváha
övervikt

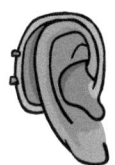

naslouchátko

hörapparat

dezinfekční prostředek

desinfektionsmedel

infekce

infektion

virus

virus

HIV / AIDS

HIV / AIDS

lékařství

medicin

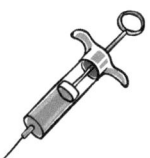

očkování

vaccination

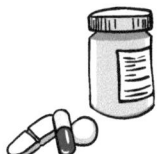

tablety

tabletter

pilulka

p-piller

tísňové volání

nödsamtal

tonometr

blodtrycksmätare

nemocný / zdravý

sjuk / frisk

Pomoc!

Hjälp!

poplach

alarm

přepadení

överfall

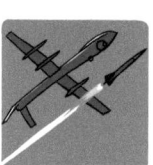

napadení

misshandel

nebezpečí

fara

nouzový východ

nödutgång

Hoří!

Det brinner!

hasicí přístroj

brandsläckare

nehoda

olycka

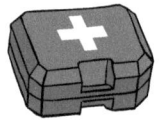

zdravotnická brašna

förbandslåda

SOS

SOS

policie

polis

Evropa

Europa

Severní Amerika

Nordamerika

Jižní Amerika

Sydamerika

Afrika

Afrika

Asie

Asien

Austrálie

Australien

Atlantik

Atlanten

Pacifik

Stilla Havet

Indický oceán

Indiska Oceanen

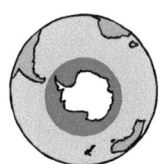

Jižní ledový oceán

Antarktiska Oceanen

Severní ledový oceán

Arktiska Oceanen

severní pól

Nordpol

jižní pól

Sydpol

Antarktida

Antarktis

země

Jorden

pevnina

land

moře

hav

ostrov

ö

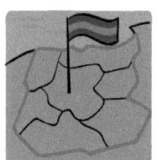

národ

nation

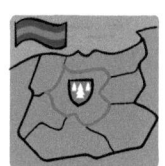

stát

stat

ciferník

urtavla

hodinová ručička

timvisare

minutová ručička

minutvisare

vteřinová ručička

sekundvisare

Kolik je hodin?

Vad är klockan?

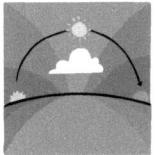

den

dag

čas

tid

teď

nu

digitální hodinky

digital klocka

minuta

minut

hodina

timme

týden
vecka

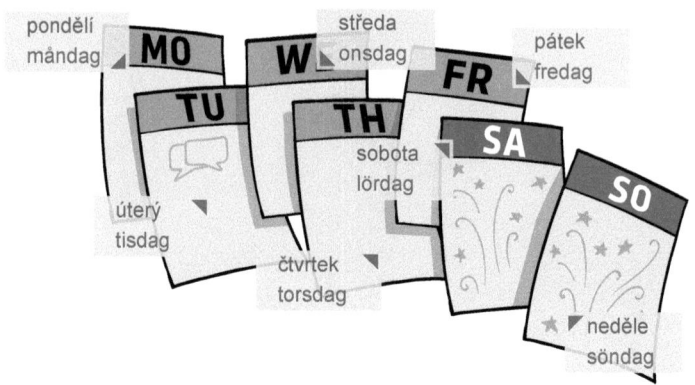

pondělí / måndag — MO
středa / onsdag — W
pátek / fredag — FR
úterý / tisdag — TU
čtvrtek / torsdag — TH
sobota / lördag — SA
neděle / söndag — SO

včera
....
igår

dnes
....
idag

zítra
....
imorgon

ráno
....
morgon

poledne
....
middag

večer
....
kväll

MO	TU	WE	TH	FR	SA	SU
1	2	3	4	5	6	7
8	9	10	11	12	13	14
15	16	17	18	19	20	21
22	23	24	25	26	27	28
29	30	31	1	2	3	4

pracovní dny
....
vardagar

MO	TU	WE	TH	FR	SA	SU
1	2	3	4	5	6	7
8	9	10	11	12	13	14
15	16	17	18	19	20	21
22	23	24	25	26	27	28
29	30	31	1	2	3	4

víkend
....
helg

rok
år

déšť
regn
duha
regnbåge
sníh
snö
vítr
vind
jaro
vår
podzim
höst
léto
sommar
zima
vinter

4.APRIL 11°
5.APRIL 4°
6.APRIL 13°
7.APRIL 8°
8.APRIL 10°

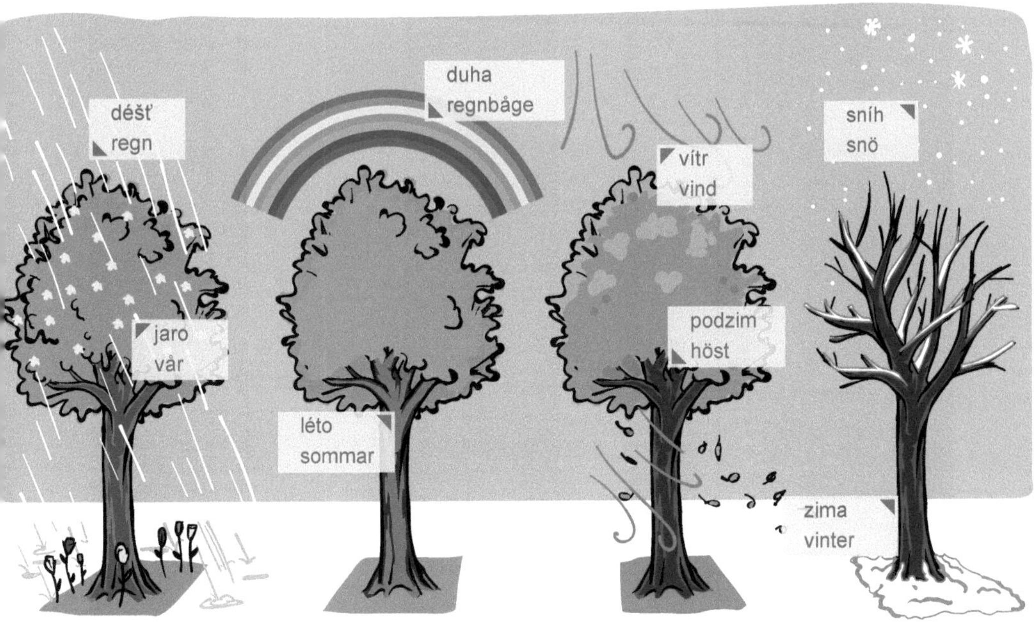

předpověď počasí

väderprognos

F C
120 90 60 30 0 -30
40 30 20 10 0 -10 -20

teploměr

termometer

sluneční svit

solsken

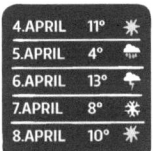

mrak

moln

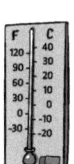

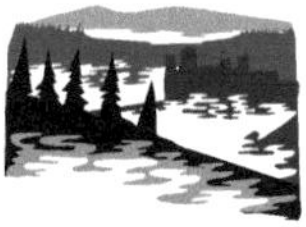

mlha

dimma

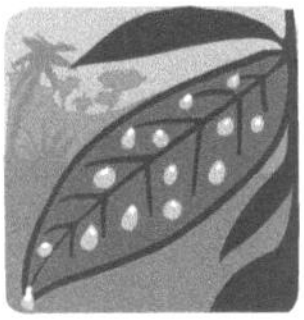

vlhkost

luftfuktighet

blesk

blixt

hrom

åska

bouřka

storm

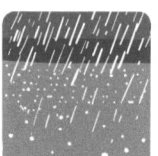

kroupy

hagel

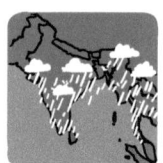

monzun

monsun

povodeň

översvämning

led

is

leden

januari

únor

februari

březen

mars

duben

april

květen

maj

červen

juni

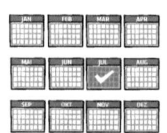

červenec

juli

srpen

augusti

rok - år

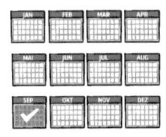

září
....
september

říjen
....
oktober

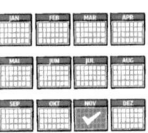

listopad
....
november

prosinec
....
december

tvary
former

kruh
....
cirkel

čtverec
....
kvadrat

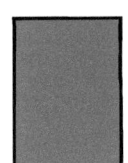

obdélník
....
rektangel

trojúhelník
....
triangel

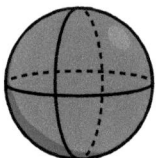

koule
....
sfär

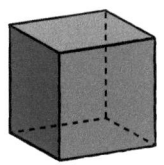

krychle
....
kub

bílá
....
vit

žlutá
....
gul

oranžová
....
orange

růžová
....
rosa

červená
....
röd

fialová
....
lila

modrá
....
blå

zelená
....
grön

hnědá
....
brun

šedá
....
grå

černá
....
svart

hodně / málo

mycket / lite

rozzuřený / mírumilovný

arg / lugn

krásný / ošklivý

vacker / ful

začátek / konec

början / slut

velký / malý

stor / liten

světlý / tmavý

ljus / mörk

bratr / sestra

bror / syster

čistý / špinavý

ren / smutsig

úplný / neúplný

komplett / ofullständig

den / noc

dag / natt

mrtvý / živý

död / levande

široký / úzký

bred / smal

jedlý / nejedlý

ätlig / oätlig

zlý / hodný

ond / god

vzrušený / znuděný

upphetsad / uttråkad

tlustý / hubený

tjock / smal

nejdříve / naposledy

först / sist

přítel / nepřítel

vän / fiende

plný / prázdný

full / tom

tvrdý / měkký

hård / mjuk

těžký / lehký

tung / lätt

hlad / žízeň

hunger / törst

nemocný / zdravý

sjuk / frisk

ilegální / legální

olaglig / laglig

inteligentní / hloupý

intelligent / dum

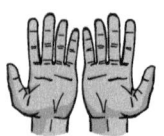

vlevo / vpravo

vänster / höger

blízko / daleko

nära / långt bort

nový / použitý

ny / begagnad

nic / něco

inget / något

starý / mladý

gammal / ung

zapnutý / vypnutý

på / av

otevřeno / zavřeno

öppen / stängd

tichý / hlasitý

tyst / högljudd

bohatý / chudý

rik / fattig

správný / špatný

rätt / fel

drsný / hladký

grov / slät

smutný / šťastný

ledsen / glad

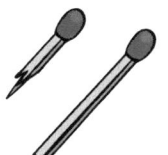

krátký / dlouhý

kort / lång

pomalý / rychlý

långsam / snabb

vlhký / suchý

våt / torr

teplý / chladný

varm / sval

válka / mír

krig / fred

0

nula

noll

1

jedna

ett

2

dva

två

3

tři

tre

4

čtyři

fyra

5

pět

fem

6

šest

sex

7

sedm

sju

8

osm

åtta

9

devět

nio

10

deset

tio

11

jedenáct

elva

12
dvanáct
tolv

13
třináct
tretton

14
čtrnáct
fjorton

15
patnáct
femton

16
šestnáct
sexton

17
sedmnáct
sjutton

18
osmnáct
arton

19
devatenáct
nitton

20
dvacet
tjugo

100
sto
hundra

1.000
tisíc
tusen

1.000.000
milion
miljon

čísla - siffror

angličtina

engelska

americká angličtina

amerikansk engelska

standardní čínština

kinesisk mandarin

hindština

hindi

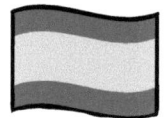

španělština

spanska

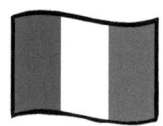

francouzština

franska

arabština

arabiska

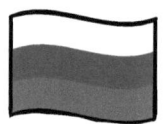

ruština

ryska

portugalština

portugisiska

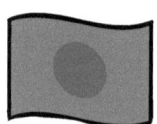

bengálština

bengali

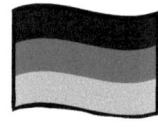

němčina

tyska

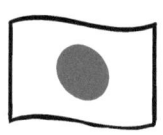

japonština

japanska

já
jag

ty
du

on / ona / ono
han / hon / den (det)

my
vi

vy
ni

oni
de

Kdo?
vem?

Co?
vad?

Jak?
hur?

Kde?
var?

Kdy?
när?

jméno
namn

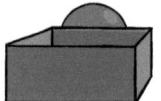

za

bakom

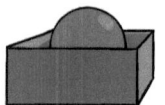

do

i

z

framför

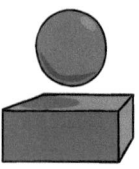

nad

över

na

på

mezi

under

vedle

bredvid

mezi

mellan

místo

plats